KB190673

이미지를 통한 삶과 말씀시리즈 4

십계명 이미지성경공부

IMAGE BIBLE STUDY

이영미, 이미숙, 우치언 지음

도서
출판 액션메소드

목차

십계명

시작하며

십계명 이미지 성경공부를 시작하며

1. 성경공부는 계속되어야 한다

기독교에서 십계명과 주기도문은 중요합니다. 하나님께서 우리들에게 믿음의 핵심을 가르쳐 주셨고, 믿음의 선조들이 신앙을 집약한 내용입니다. 이러한 교리는 기독교의 기본 진리이고 믿음 생활의 기초라 할 수 있습니다. 그래서 신앙생활을 시작하면 무조건 외워야 했고, 무조건 따라야 했던 부분이 교리라 할 수 있습니다.

하지만 교리교육이 신앙을 처음 시작할 때 말고는 따로 공부하지 못했던 게 현실입니다. 사람들은 교리가 중요하다고 하지만 교리가 무엇인지, 어떻게 교리 공부를 해야 하는지 모를 때가 많습니다. 또는 교리 교육이라고 하지만 일방적으로 가르치는 내용을 들어야만 했기에 자신의 삶과 따로 떨어진 느낌도 받았습니다. 현대는 일방적 교육과 가르침만으로 이해하는 시대가 아닙니다. 스스로 정보를 찾는 시대이며 서로 동등한 대화를 원하는 시대입니다. 그리고 지금을 소통의 시대이라 말합니다. 소통이 없는 교육은 사람들이 거부하고 외면합니다. 그래서 이미지를 통한 성경공부가 나왔고 이미지를 통한 교리공부의 첫걸음으로 이미지를 통한 십계명 성경공부가 나왔습니다.

십계명 이미지 성경공부 제작은 다음과 같은 이유에서 만들어졌습니다.

첫 번째 십계명의 계명 하나하나를 우리 삶에 적용시켜보기 위해 만들었습니다.
우리가 일상을 살면서 만나게 되는 질문을 통해 십계명을 생각해 보게 만들었습니다. 그저 하나님이 주신 십계명이니까 '외워야 해, 믿어야 해'가 아니라 우리 삶을 뒤돌아보니 '이래서 하나님이 십계명을 주셨구나'를 이해시키고자 했습니다.

두 번째 함께 나누면서 이해하는 방식입니다.
'너도 그랬구나! 나도 그랬는데' 하면서 나누는 과정을 통해서 하나님이 주신 십계명이 중요하구나라고 이해하는 방식입니다. 나만의 신앙이 아니라 함께 하는 신앙의 결론으로 교리를 깨닫게 만들었습니다. 교리니까 무조건 믿는 방식을 넘어 나의 삶의 이야기 속에서 교리를 만나게 합니다. 더 나아가 상대방과 소모임에 참여한 사람들의 삶의 이야기와 더불어 십계명을 이해하게 만듭니다. 이런 과정은 오랫동안 사람들 마음속에 말씀과 이미지가 오래 남게 됩니다.

세 번째 하나님의 말씀을 통해 십계명이 성경 전체를 관통하는 진리임을 알게 합니다. 십계명은 구약에서, 신약에서, 예수님의 말씀 속에서 인용이 됩니다. 이러한 관련 말씀과 함께 나누게 됨으로 십계명이 더욱 입체적으로 다가오게 됩니다.

네 번째 결국, 하나님의 십계명, 나의 삶의 이야기, 우리의 삶의 이야기, 예수님의 말씀이 어울리면서 우리 마음에 심겨지게 됩니다.
이는 선형적 공부 방식이 아닌 나선형 공부 방식이라 할 수 있습니다. 일방적으로 일직선으로 가르치고 전달되는 것이 아닌 여기저기 거쳐서 목적에 도달하는 방식입니다. 목적만 가르치는 것이 아니라 풍경을 함께 보게 함으로 목적이 선명하게 보이게 만드는 방식이라 할 수 있습니다.

지금의 한국교회가 위기이며 성경교육이 힘들어지는 상황에 이미지 성경공부, 이미지 교리공부가 새로운 성경공부의 새장을 여는 계기가 되기를 바라면서 이 책을 만들었습니다.

이미지 성경 공부 제작자 일동

십 계 명

이미지성경공부

예수님의 대화법 (feat. 사마리아 여인)

요한복음 4장에는 작은 에피소드가 나온다. 예수님이 제자들도 없는 시간에 목이 말랐다. 그래서 낮에 사람들을 피해 물을 길으러 온 사마리아 여인에게 물을 청한다. 유대인과 사마리아 사람들은 서로 앙숙 같은 존재들이다. 한국과 일본 혹은 한국과 북한이라고 할 수있을지 모르겠다.

나에게 물을 좀 주시겠소?

이 말을 들었던 사마리아 여인의 생각에는 무슨 그림이 그려졌을까? 자신들을 무시하던유대인, 자신을 괴롭혔던 남자들, 자신의 기구한 삶이 물을 달라는 예수님의 말에 순간적으로 떠올렸을 것이다. 그래서 나온 대답이 "당신은 유대인으로서 어찌하여 내게 물을 달라고 하십니까?"이다.

이 사마리아 여인의 말과 표정을 읽으면서 예수님은 반응하셨다. 서로 얼굴을 바라보며 여인은 거부감이 드는 표정으로 예수님은 안타까운 표정으로 서 있었다. 각자 서로가 가진이미지를 가지고 바라보았기 때문에 그에 걸맞은 표정으로 상호작용을 하였다. 상호작용은 대화로 하고 있지만, 서로의 이미지는 변하고 있음을 볼 수 있다.

네가 하나님의 선물을 알고,
또 너에게 물을 달라는 사람이 누구인지를 알았더라면,
도리어 네가 그에게 청하였을 것이고, 그는 너에게 생수를 주었을 것이다.

여인의 말과 마음속 거부감을 예수님은 이와 같은 말로 변화시키고 있다. 단순한 대화지만 다양한 이미지가 들어 있음을 추측해 볼 수 있다. 현대 인간 이해는 성경에 나타난 말뿐 아니라 정서와 이미지를 추측할 수 있게 하였다. 인간 이해 없는 성경 이해는 예수님을 로봇처럼 이해하게 만든다. 신이니까 다 알았겠지, 혹은 교리적으로만 받아들이면서 성경의 생동감을 반감시킨다. 다시 여인의 말을 들어 보자.

> 선생님, 선생님에게는 두레박도 없고, 이 우물은 깊은데,
> 선생님은 어디에서 생수를 구하신다는 말입니까?
> 선생님이 우리 조상 야곱보다 더 위대하신 분이라는 말입니까?

예수님의 영적인 대답에 여인은 현실적이고 합리적인 물음과 예수님 존재에 대해 질문을 하고 있다. 이 질문은 예수님의 대답에서 시작되었다. 그 대답은 여인에게 질문을 낳게 했다. 여인은 질문과 대답을 통해 점차 현실에서 예수님의 존재에 대한 질문으로 옮겨가고 있음을 보게 된다. 이 문답 속에서 여인은 자신의 삶을 이야기할 수밖에 없었고 예수님의 존재를 남자에서 예언자로 구주로 인정하게 된다. 이러한 일련의 과정은 오늘 우리에게 시사하는 바가 크다. 상대의 이미지에 반응하면서 이야기와 감정을 끌어내고 변화시키는 능력이 그리스도인에게 필요한 부분이다. 세상은 인간의 이미지에 침투하기 위해 다양한 노력을 하고 있다. 이미지는 영혼을 움직이는 첫 번째 관문이라 할 수 있다. 오늘날 성경 공부 속에서 또 인간관계 속에서도 필요한 부분이 아닐까? 한 사람의 이미지 속에는 그 사람의 감정과 인생과 이야기가 숨어 있다. 이를 표현하게 만드는 과정이 성경 공부의 기초이며 인간관계의 기본이 되어야 한다. 이미지의 변화는 영혼의 변화뿐만 아니라 사고와 행동의 변화까지 가져오기 때문이다.

● ── 추천사

반신환 교수 한남대학교 기독교학과

기독교 역사에서 긴 세월 동안 이루어졌던 '이미지', '신체', '활동'을 통합한 성경공부가 현대적으로 소개되는 것은 하나님의 큰 은혜입니다. 이미지 성경공부 교재가 우리 개인과 공동체에 파급하게 될 감동과 영향을 기대합니다.

황헌영 교수 서울신학대학교

사람들은 '명령' 듣기를 꺼려합니다. 십계명도 하나님의 '명령'이지요! 그래서 피할 수 없어 순종은 하는데 '명령'은 역시 우리의 자유를 구속하게 하는 듯하여 부담이 됩니다.

하지만 여기, 이미지성경공부는 십계명이 주는 삶의 원칙을 자발적인 실천으로 바꾸어주는 진정한 기쁨을 선사 합니다. 명령의 '이미지'를 바꾸어 하나님의 사랑을 느끼게 하는, 아주 은혜로운 방법입니다!

전경호 목사 청년목회자연합, 다음세대코칭센터 대표

코로나19로 인해 우리는 정말 순식간에 새로운 세상과 만나게 되었고, 2년이 지나면서 이제는 어떻게 이 새로운 시대에 적응해야 하는가를 깊이 고민하고 있습니다. 더구나 다음세대 자녀들을 비롯해서 장년들까지도 하나님의 말씀을 어떻게 가르치고, 소그룹 모임에서 어떤 교재를 사용해야 할 것인가를 고민을 넘어 좌절하고 있습니다. 기존의 방식과 내용으로는 답이 없기 때문입니다.

그런데 "이미지 성경공부"는 우리의 고민을 해결해줍니다. 친근한 이미지를 보여주고, 그 이미지에 따른 질문을 통해 모임에 참여한 사람들의 마음을 열게 하고, 자신의 삶을 자연스럽게 나누게 한 후에 성경을 통해 우리의 나아갈 길을 깨닫게 하고 적용하게 하는 방식은 청년들의 소그룹에서도 큰 변화를 가져왔습니다. 30분을 겨우 하던 소그룹이 이미지 성경공부를 도입한 후에 2시간의 나눔이 가능한 소그룹으로 바뀌는 것을 현장에서 경험할 수 있었습니다. 특별히 이번에 출간되는 "십계명" 이미지 성경공부는 성도들과 다음세대 자녀들이 반드시 알아야 하는 기독교 교리의 핵심을 다루는 책이기에 더욱 기대가 됩니다.

이 시대에 맞은 성경공부, 침체되어 있는 소그룹이 역동성을 회복하기를 원하시는 교회와 사역자들에게 이미지 성경공부는 확실한 대안이 될 것을 확신하기에 기쁜 마음으로 추천합니다. 자, 이제 어서 이 책의 첫 장을 넘기며, 새로운 시대의 멋진 경험에 다같이 동참한다면 우리는 서바이벌을 넘어 리바이벌로 가게 될 것이다.

이한욱 목사 열방교회

이미지 성경공부 교재가 출간된 것은 한국교회의 축복입니다. 성경을 입체적으로 보게 하고, 입으로 묘사하며 스토리텔링을 할 수 있도록 돕는 교재가 필요했습니다. 또한 자신의 갈등과 연결해 치료와 회복으로 나가게 돕는 이 교재는 한국교회를 은혜롭게 할 것입니다.

이상구 목사 파리 한인침례교회

저희 교회의 교우들이 참여했던 이미지 성경공부는 제시된 이미지들을 통해 풀어내는 문답 형식과 내용이 모두 심오했습니다. 활자화된 성경 구절을 선 제시하여 진행하던 기존의 학습방법에서 완전히 벗어나, 혁신적으로 주제별 〈이미지 제시〉를 통해 참가자들로 하여금 신선하고 자연스러운 호기심 유발과 함께 친근감 있는 학습 접근의 동기부여, 활발한 참여가 가능하였던 것 같습니다. 콘텐츠가 각 진행 단계끼리 서로 유기적으로 잘 연결되어 있고, 참가자 자신의 일상과 삶의 문제들이 결국 말씀과 연계되어 풀어내어지는 확장성 높은 논리를 보유하고 있고 그 매커니즘으로 효과적인 학습 마무리를 유도할 수 있었습니다. 참가한 교우들이 이미지를 통한 과거와 현재의 아픔을 털어놓으니 속이 후련하고 스스로 힐링 됐다는 소감과 함께 성경 말씀에 자연스럽게 다가갈 수 있어 신선했고 재미있었다 합니다. 불어로도 진행되어 당시 프랑스인들에게도 쉽게 접근할 수 있었습니다.주위의 비크리스찬들에게도 배운 대로 나눌 수도 있겠다는 교우도 있었습니다. 부부도 참석했는데 서로가 가진 고민과 아픔을 주고받는 기회도 되었습니다. 항상 소지 가능한 간편 크기의 교재만 있다면 목장 모임에 도입하면 좋을 학습 방법이라 여겨졌는데 마침 성경공부 교재로 제작되었다는 소식이 무척 반갑습니다. 이미지 성경공부가 교회와 선교지역에 잘 뿌리내리기를 기원합니다.

Missionary Dr. NGUYEN CUU Nam Tran 파리 한인침례교회 베트남 선교사

Médecine Générale et MicroNutritionnelle in Paris

아주 새로운 콘셉트이네요. 스마트폰과 일상에서 쓰이는 물건이나 단어를 이미지로 이용한아주 현대적인 방법이네요. 평소에 서로에게 그리고 우리 자신에게 물어보지 않는 중요한질문들이 들어있습니다. 말씀의 분량이 많지 않아서 집중하기 어려운 학생들에게도 부담이없어요. 특히 새신자나 무신론자의 마음에 다가가기에 도움이 되는 질문들이 훌륭합니다.

김광태 목사 시카고 한인제일연합감리교회

오늘의 그리스도인들과 교회는 4차 산업혁명과 포스트모던니즘을 기반으로 형성된 새로운문화에 적합한 그룹성경공부 교재와 방법이 절실하게 필요하게 되었다. 이런 필요를 충족시켜줄 수 있는 적합한 그룹성경공부 교재와 방법이 개발되어 참으로 감사하다. 바로 '이미지 성경공부'이다. '이미지 성경공부'의 독특한 장점은 집당상담원리를 적용하는 소통의 방식으로 참여자들 개개인과 전체가 자신들의 독특한 컨텍스트에서 텍스트(말씀)를 역동적으로 만날 수 있도록 인도해 준다.

박철현 선교사 GMS 동남아 이슬람 증경 지역대표
연세대 언더우드상 수상 | 선교 영화 파파 오랑후탄 주인공

누구나 또 누구에게나 현장에서 바로 적용하여 양육할 수 있는 "이미지성경공부"책을 시리즈로 발간하게 되었다. 이 책은 한국교회 목회자, 교회 리더 그리고 선교지에서도 누구나 쉽게 사용할 수 있는 탁월한 현장 성경공부 방법이기에 인도네시아어와 말레이어로도 번역이되고 있습니다. 이 책이 국내와 전 세계에 보급이 되어 영혼과 교회를 살리는데 쓰임받을 것을 확신하며 추천합니다.

● ── 단계별 설명

01 이미지 보고 이야기하기

첫 단계의 그림은 단순한 이미지이다. 인도자의 질문을 통해 참여자들은 자신의 기억을 떠올리게 된다. 최근의 기억 가운데 단순하고 소소한 일상을 말할 수도 있고 오래되고 가슴 아픈기억을 떠올릴 수도 있다. 일상에서 보이는 모든 사물도 기억을 촉진하는 이미지이다. 그 이미지가 구체성을 가지느냐 아니냐는 각자의 삶의 내용과 관련이 있다.

이미지 성경에서 사용하는 이미지는 참여자들의 기억을 촉진하고 성경 말씀과 연결을 위해사용한다. 참여자들은 단순한 이미지를 통해 사실적 기억을 먼저 말하게 된다. 실제로 경험한 일상의 이야기를 나누면서 서로가 편하게 된다. 다음으로 삶의 한 단편이나 추상적인 이야기의 질문을 통해 자신의 마음을 이야기하게 한다. 아픈 기억이나 마음속에 풀리지 않은고민을 이야기할 수도 있다. 참여자들은 이야기하면서 기억이 활성화된다.

이처럼 활성화된 기억과 감정을 가지고 이야기하면 단순한 이야기가 아니라 서로를 이해할수 있는 분위기가 형성된다. 인도자는 참여자가 어떻게 살아왔는지, 어떤 고민이 있는지, 아직 해결되지 못한 문제가 무엇인지를 구조적으로 이야기할 수 있게 돕는다. 마음의 이야기를서로 나누는 상호작용은 이미지 성경 공부에서 중요한 첫 단계이다.

02 말씀 읽고 선택하기

이미지 단계에서 자신의 이야기와 기억을 소환하여 관계가 편해지면 인도자는 참여자들에게성경을 읽고 어떤 말씀이 끌리는지 선택해 보게 한다. 이미지 단계에서 자기표현이 편해지면자발성이 올라가고 성경을 연상해 보기가 쉽다. 문자를 해석하지 말고 성경 자체가 묘사하는 장면을 그리다 보면 성경이 입체적으로 보이게 된다. 자기 스스로 묘사한 성경 내용은 스토리텔링화되면서 더욱 구체화되고 생동감 있게 묘사된다. 읽고 선택하고 그 이유를 설명하면서 활성화된 성경 이미지가 은연중에 자신의 경험을 투영하기 때문이다.

03 선택한 말씀 나누기

참여자들의 선택에 의해 성경 말씀을 탐색한다. 선택된 하나의 성경 장면 혹은 구절에 대하여 인도자가 질문하게 되면 말씀은 살아 움직이게 된다. 질문은 성경을 구체적으로 보기 위한 방식과 다른 관점을 가져보게 하는 방식, 그리고 자신과 연관성을 고려하며 질문을 하도록 구성되어 있다. 이 과정에서 주어진 질문을 따라 단계적으로 진행할 수도 있지만, 인도자의 역량에 따라 하나의 질문에 더 집중해도 된다. 질문과 대답을 하다 보면 또 다른 질문이 생겨난다. 알고 싶은 욕구와 인도자가 가르쳐준 내용이 비례할 때 학습효과는 극대화된다.

04 말씀에 대한 의미 설명

설명은 각자가 이야기한 내용을 요약하고 간략한 주석을 할 수 있다. 이 과정들은 성경의 의미가 만들어지는 과정이다. 참여자들은 성경 내용을 많이 아는 사람부터 모르는 사람까지 다양하다. 그래서 참여자들이 말한 성경 묘사를 요약해 주면서 자신들의 이야기가 소홀히 여겨지지 않는다는 느낌을 받도록 한다. 그 과정에서 해석 혹은 교육의 이야기를 조금만 덧붙이면 된다. 마지막에 제시한 말씀해설은 삶의 이야기와 성경의 이야기를 종합 정리하게 된다. 설교처럼 듣는 사람도 있고 해설처럼 이해하는 사람도 있을 수 있다. 한 사람의 사역자가 예화와 해석 그리고 선포로 이어지는 설교처럼 이미지 성경 말씀은 함께 만들어가는 설교라고 할 수 있다.

십계명 ———

00. 계명을 따르라

마음나누기

---

1 최근에 누구 말을 듣고 실행해 본 경험이 있습니까?

2 사람들은 어떤 사람의 말을 잘 듣는다고 생각하십니까?

3 당신은 살아오면서 누구의 말을 가장 잘 따랐으며 따르고 싶어 했습니까?

4 당신은 누구의 말을 믿고 따르므로 행복하거나 성공해 본 경험이 있습니까?

● 말씀 읽고 선택하기

>> 성경말씀을 읽고 마음에 와 닿는 단어를 선택한 후, 그 이유를 나누어 보세요.

말씀 1 출애굽기 20:1-2

1 하나님이 이 모든 말씀으로 말씀하여 이르시되 2 나는 너를 애굽 땅, 종 되었던 집에서 인도

하여 낸 네 하나님 여호와니라

말씀 2 시편 95:2-3

2 우리가 감사함으로 그 앞에 나아가며 시를 지어 즐거이 그를 노래하자 3 여호와는 크신 하나

님이시요 모든 신들보다 크신 왕이시기 때문이로다

말씀 3 시편 100:3

3 여호와가 우리 하나님이신 줄 너희는 알지어다 그는 우리를 지으신 이요 우리는 그의 것이니

그의 백성이요 그의 기르시는 양이로다

● 말씀나누기

>> 선택한 본문 말씀의 질문에 대하여 나누어 보세요.

Q&A

1. 네비게이션이 있는 사람과 없는 사람의 운전은 어떤 차이가 있습니까?

2. 당신의 삶을 움직이게 하는 주인은 무엇입니까?

3. 사람들은 무엇을 기준으로 살고 있다고 생각하십니까?

4. 위의 말씀에서 하나님이 나의 주인임을 감사하는 마음이 왜 생기게 될까요?

우리는 살아가면서 누군가 가르쳐주지 않으면 곤란할 때가 있습니다. 무엇이 옳은지 선택하거나 결정을 해야 할 때 선생이나 먼저 살아 본 선배들이 도와준다면 편안해 집니다. 마찬가지로 우리의 인생이 나 혼자 결정하고 선택하게 된다면 얼마나 많은 좌절과 실수를 하게 될까요? 하나님은 우리의 인생을 주관하시는 분이시기에 우리에게 가르쳐 줄 수 있고 도와주실 수 있습니다. 무엇이 옳고 그른 것인지 알려주십니다. 이러한 모든 것은 우리가 잘되고 선하게 되어 구원에 이르기를 원하시기 때문입니다. 계명을 주신 이유가 바로 이것입니다.

나눔

01. 제1계명

마음나누기

---

① 요즘 영웅이 등장하는 영화나 드라마는 본 적이 있습니까?

② 사람들이 영웅이 등장하는 영화나 드라마를 보는 이유는 무엇일까요?

③ 당신이 주인공이라면 어떤 영웅이 되고 싶습니까?

④ 그 힘으로 무엇을 하고 싶습니까?

● 말씀 읽고 선택하기

>> 성경말씀을 읽고 마음에 와 닿는 단어를 선택한 후, 그 이유를 나누어 보세요.

말씀 1 · 출애굽기 20:3-5

3 너는 나 외에는 다른 신들을 네게 두지 말라 4 너를 위하여 새긴 우상을 만들지 말고 또 위로 하늘에 있는 것이나 아래로 땅에 있는 것이나 땅 아래 물속에 있는 것의 어떤 형상도 만들지 말며 5 그것들에게 절하지 말며 그것들을 섬기지 말라 나 네 하나님 여호와는 질투하는 하나님인 즉 나를 미워하는 자의 죄를 갚되 아버지로부터 아들에게로 삼사 대까지 이르게 하거니와

말씀 2 · 로마서12:17-18

17 아무에게도 악을 악으로 갚지 말고 모든 사람 앞에서 선한 일을 도모하라 18 할 수 있거든 너희로서는 모든 사람과 더불어 화목하라

● 말씀나누기

>> 선택한 본문 말씀의 질문에 대하여 나누어 보세요.

Q&A

1. 본문 말씀이 당신에게 어떻게 들리나요?

2. 당신에게 '하나님 외에' 하나님과 같이 옆에 나란히 두고 있는 것은 무엇인가요?

3. 그것이 왜 당신에게 도움이 될 수 있었나요?

4. "너는 나 외에는 다른 신들을 네게 두지 말라"는 말씀과 "아무에게도 악을 악으로 갚지 말고 모든 사람 앞에서 선한 일을 도모하라 할 수만 있으면 모든 사람과 더불어 평화하라"(로마서12:17-18)의 두 가지 말씀을 어떻게 적용하며 살아야 할까요?

십계명 **31**

Message

사람들은 항상 힘센 무언가를 옆에 두고 싶어 합니다. 자신의 부족함을 알기 때문입니다. 우상들, 부처나 소(힌두교), 온갖 신들을 섬기거나 현대는 돈이나 권력, 지식이나 유행을 따르는 것도 의존성이 있기 때문입니다. 그러나 그 모든 것은 영원한 힘이 아닙니다. 우리가 의지할 수 있기에는 한계가 있습니다. 영원하고 불변하는 힘을 가진 분은 하나님뿐입니다. 이 진리를 잊어버릴 때 인간은 방황하게 되고 허무하게 됩니다. 우리가 의지하고 믿고 따를 분은 하나님 한 분 뿐이란 사실을 알 때 우리의 삶은 굳건하고 흔들림 없는 삶을 살게 됩니다.

나눔

- -

- -

- -

- -

- -

- -

02. 제2계명

마음나누기

---

1 요즘 당신은 TV, SNS 등의 프로그램 중에 주로 무엇에 빠져듭니까?

2 그것은 어떤 점이 재미있고 당신을 몰입하게 만드나요?

3 당신이 재미있게 놀지 못하고 몰입하지 못하게 하는 마음의 걱정과 근심은 무엇입니까?

4 당신은 그것을 어떻게 해결하려고 해보았나요?

● 말씀 읽고 선택하기

>> 성경말씀을 읽고 마음에 와 닿는 단어를 선택한 후, 그 이유를 나누어 보세요.

말씀 1   출애굽기 20:3-4

4 너를 위하여 새긴 우상을 만들지 말고 또 위로 하늘에 있는 것이나 아래로 땅에 있는 것이나
땅 아래 물속에 있는 것의 어떤 형상도 만들지 말며

말씀 2   출애굽기 32:4-6

4 아론이 그들의 손에서 금 고리를 받아 부어서 조각칼로 새겨 송아지 형상을 만드니 그들이
말하되 이스라엘아 이는 너희를 애굽 땅에서 인도하여 낸 너희 신이로다 하는지라 5 아론이 보
고 그 앞에 제단을 쌓고 이에 아론이 공포하여 가로되 내일은 여호와의 절일이니라 하니 6 이
튿날에 그들이 일찍이 일어나 번제를 드리며 화목제를 드리고 백성이 앉아서 먹고 마시며 일어
나서 뛰놀더라

● 말씀나누기

>> 선택한 본문 말씀의 질문에 대하여 나누어 보세요.

Q&A

1. 본문말씀을 설명해 보세요.

2. 아론과 이스라엘 백성들은 송아지로 하나님을 만든 것처럼 사람들이 하나님을 형상화하는 이유는 무엇일까요?

3. 아론과 백성들이 하나님을 송아지로 만들어서 의지했듯이 당신이 하나님처럼 의지하는 것은 무엇인가요?

4. 오늘날의 사람들은 무엇으로 하나님 형상을 만들어 자신을 위해 이용할까요?

● 메시지

사람들은 자신의 약함을 무언가에 의지하기 위해 노력합니다. 우상을 만들어 섬기거나 즐거움을 찾아 헤매는 모습도 약한 존재를 증명하는 것입니다. 맛있는 음식을 먹고, 즐거운 볼거리를 찾고, 오늘처럼 내일이 올 것이라고 믿고 삽니다. 그러나 시간이 지나면 자신이 믿고 의지한 것들이 무가치한 것을 알게 됩니다. 그래서 하나님은 어떤 것에도 의지하지 말라고 말하십니다. 그 무엇도 우리에게 기쁨을 주지 못할 거라고 말씀하십니다. 오직 하나님으로 기쁨을 얻고 하나님을 통해 능력을 얻을 때 내 존재가 튼튼하게 살 수 있습니다. 세상의 것으로 기쁨을 얻는 자는 멸망하나 하나님으로 기쁨을 얻는 자는 영원할 것입니다.

03. 제3계명

마음나누기

---

1. 당신 이름의 뜻은 무엇이고 누가 지어주었습니까?

2. 당신의 이름을 바꾼다면 무엇으로 바꾸고 싶습니까?

3. 누군가 당신의 이름을 부를 때 대답하고 싶지 않았던 적이 있나요?

4. 당신은 그럴 때 어떻게 반응하나요?

● 말씀 읽고 선택하기

>> 성경말씀을 읽고 마음에 와 닿는 단어를 선택한 후, 그 이유를 나누어 보세요.

말씀 1 출애굽기 20:7

7 너는 너의 하나님 여호와의 이름을 망령되이 일컫지 말라 나 여호와는 나의 이름을 망령되이

일컫는 자를 죄 없다 하지 아니하리라.

말씀 2 사도행전 19:13-16

13 이에 돌아다니며 마술하는 어떤 유대인들이 시험삼아 악귀 들린 자들에게 주 예수의 이름

을 불러 말하되 내가 바울이 전파하는 예수를 의지하여 너희에게 명하노라 하더라 14 유대의

한 제사장 스게와의 일곱 아들도 이 일을 행하더니 15 악귀가 대답하여 이르되 내가 예수도 알

고 바울도 알거니와 너희는 누구냐 하며 16 악귀 들린 사람이 그들에게 뛰어올라 눌러 이기니

그들이 상하여 벗은 몸으로 그 집에서 도망하는지라

● 말씀나누기

>> 선택한 본문 말씀의 질문에 대하여 나누어 보세요.

Q&A

1. 하나님의 이름을 잘못 사용하거나 잘못 사용되어지는 것이 어떤 것들이 있는지 나누어 보세요.

2. 하나님의 이름을 사도행전19:13-16에서 스게와라는 제사장의 일곱 아들들은 하나님의 이름을 잘못 사용하였습니다. 어떤 면에서 그런가요?

3. 하나님의 이름(예수 그리스도의 이름)이 당신에게 어떤 축복과 선물이 되었습니까?

4. 내 삶에서 하나님의 이름을 영화롭게 한다는 것은 무엇일까요?

Message

하나님을 무시하는 사람은 하나님을 부인하는 사람과 같습니다. 하나님이 없다고 하는 사람은 자신의 능력을 과시하거나 세상의 것으로부터 힘을 얻기 때문입니다. 과학을 통해 자랑하던 인간은 무기를 만들어서 서로 죽이게 됩니다. 아무리 풍족한 식량을 재배하였지만 자연재해 가 일어나면 한 번에 다 쓸려가 버리는 모습을 보게 됩니다. 그 과정 속에서 하나님을 보는 사람도 있고 그럼에도 불구하고 하나님을 기억하지 못하는 사람이 있습니다. 자연재해를 보고 하나님을 원망하는 사람이 있는가 하면 자연재해를 통해 하나님의 진노를 기억하는 사람이 있습니다. 하나님을 기억하는 사람은 하나님을 망령되게 말하지 않는 자세를 갖게 됩니다.

나눔

04. 제4계명

마음나누기

---

1 요즘 당신의 삶의 속도는 몇 km로 달리고 있습니까?

2 그 속도로 달릴 때 당신의 마음은 어떠합니까?

3 당신의 삶이라는 차가 멈추고 쉬었거나 천천히 여유롭게 달린 적은
언제였나요?

4 당신이라는 차가 편히 쉬지 못하게 만드는 것은 무엇입니까?

● 말씀 읽고 선택하기

>> 성경말씀을 읽고 마음에 와 닿는 단어를 선택한 후, 그 이유를 나누어 보세요.

말씀 1   출애굽기 20: 8-11절

8 안식일을 기억하여 거룩하게 지키라 9 엿새 동안은 힘써 네 모든 일을 행할 것이나 10 일곱째 날은 네 하나님 여호와의 안식일이즉 너나 네 아들이나 네 딸이나 네 남종이나 네 여종이나 네 가축이나 네 문안에 머무는 객이라도 아무 일도 하지 말라 11 이는 엿새 동안에 나 여호와가 하늘과 땅과 바다와 그 가운데 모든 것을 만들고 일곱째날에 쉬었음이라 그러므로 나 여호와가 안식일을 복되게 하여 그 날을 거룩하게 하였느니라

말씀 2   마태복음 12:9-13절

9 거기에서 떠나 그들의 회당에 들어가시니 10 한쪽 손 마른 사람이 있는지라 사람들이 예수를 고발하려 하여 물어 이르되 안식일에 병 고치는 것이 옳으니이까 11 예수께서 이르시되 너희 중에 어떤 사람이 양 한 마리가 있어 안식일에 구덩이에 빠졌으면 끌어내지 않겠느냐 12 사람이 양보다 얼마나 더 귀하냐 그러므로 안식일에 선을 행하는 것이 옳으니라 하시고 13 이에 그 사람에게 이르시되 손을 내밀라 하시니 그가 내밀매 다른 손과 같이 회복되어 성하더라

● 말씀나누기

>> 선택한 본문 말씀의 질문에 대하여 나누어 보세요.

Q&A

1. 안식일을 기억하여 거룩하게 지키라는 말씀이 당신에게 어떻게 느껴집니까?

2. 마태복음 12:9-13절에서 예수님은 안식일에 대하여 무엇을 말씀하시고자 하는 것일까요?

3. 안식일(주일)을 지키는 것이란 어떻게 보내는 것이라고 당신은 생각합니까?

4. 안식일(주일)에 쉬고 멈추는 것 그리고 안식 하는 것이 바쁘게 돌아가는 세상에 주는 의미는 무엇일까요?

안식일은 인간에게 가장 기초적인 쉼을 주고자 하는 하나님의 사랑입니다. 쉼을 통해 하나님을 기억하고 쉼을 통해 다시 일할 수 있는 힘을 얻게 됩니다. 안식일은 하나님이 인간을 사랑하신 다는 증거입니다. 그러나 하나님이 인간을 사랑하심의 증표로 서 안식일을 기억하지 못하면 형식적으로 안식일을 지키게 됩니다. 안식일에 아무것도 하지 않아야 한다거나 물건을 사도 안 된다는 억압적 의미만 남게 됩니다. 그래서 유대인들은 안식일 에 사람을 고치는 예수님의 모습을 비난한 것입니다. 안식일의 의미를 기억할 때 인간은 더욱 풍요롭고 인간다운 삶을 살 수 있 게 됩니다. 하나님의 깊은 뜻을 기억하는 우리가 되어야 합니다.

나눔

05. 제5계명

마음나누기

---

1 부모를 학대하거나 갈등이 있는 사실이나 기사를 본 적이 있습니까?

2 부모와 자식 간의 갈등은 왜 일어난다고 봅니까?

3 당신은 부모와 어떤 문제로 갈등을 일으켰습니까?

4 당신이 갈등을 극복하고 부모를 사랑하게 된 이유가 무엇입니까?

● 말씀 읽고 선택하기

>> 성경말씀을 읽고 마음에 와 닿는 단어를 선택한 후, 그 이유를 나누어 보세요.

말씀 1   출애굽기 20:12

12 네 부모를 공경하라 그리하면 네 하나님 여호와가 네게 준 땅에서 네 생명이 길리라"

말씀 2   신명기 5:16

16 너는 너의 하나님 여호와의 명한 대로 네 부모를 공경하라 그리하면 너의 하나님 여호와가 네게 준 땅에서 네가 생명이 길고 복을 누리리라

"나의 부모님, 그리고 내 위에 있는 모든 권위에 모든 공경과 사랑과 신실함을 나타내고, 그들의 모든 좋은 가르침과 징계에 대해 합당한 순종을 하며, 또한 그들의 약점과 부족에 대해서는 인내해야 합니다. 왜냐하면 그들의 손을 통해 우리를 다스리시는 것이 하나님의 뜻이기 때문입니다."

-하이델베르크 요리문답 제104문답 중에서-

● 말씀나누기

>> 선택한 본문 말씀의 질문에 대하여 나누어 보세요.

Q&A

1. 부모님을 공경하는 것(말에 순종하는 것)이 잘되고 장수한다는 것은 어떤 관련이 있습니까?

2. 부모님을 공경함에 있어서 순종할 것과 인내해야 할 것과 따를 수 없는 것은 당신에게는 무엇인지 이야기해 보세요.

3. 당신이 부모와 같이 권위에 순종해야 하는 대상들은 누구입니까?

4. 그들에게 순종할 힘을 어떻게 얻을 수 있나요?

Message

부모를 공경해야 하는 계명을 우리에게 주신 이유가 무엇입니까? 인간답게 사는 길이기 때문입니다. 부모를 공경하지 않는다면 인간의 질서는 무너지게 됩니다. 조상에게 감사하고 내 자녀를 올바로 키우는 일의 시작은 부모를 공경하는 일입니다. 부모를 공경하는 일은 사회의 질서의 시작이기도 합니다. 부모를 공경하고 자란 사람은 직장이나 학교에서 상관이나 선생님에게 감사의 마음을 갖게 됩니다. 감사한 마음이 있을 때 배우게 되고 협력하여 공동체를 형성하게 됩니다. 윗사람은 사랑으로 아랫사람을 보살피고 아랫사람은 순종으로 윗사람을 따라야 합니다. 그 시작이 부모를 공경하는 일입니다.

나눔

06. 제6계명

마음나누기

_____

1 최근 살인이나 죽음에 관한 기사를 본 적이 있습니까?

2 동물 학대에 대한 당신의 생각은 어떻습니까?

3 당신이 살아오면서 남을 괴롭히거나 죽이고 싶은 생각이 들 때는
언제입니까?

4 당신은 당신 자신이 죽고 싶다고 느낄 때는 언제입니까?

● 말씀 읽고 선택하기

>> 성경말씀을 읽고 마음에 와 닿는 단어를 선택한 후, 그 이유를 나누어 보세요.

말씀 1 출애굽기 20:13

3 살인하지 말라

말씀 2 창세기 1:26-27

26 하나님이 가라사대 우리의 형상을 따라 우리의 모양대로 우리가 사람을 만들고 그들로 바다의 물고기와 하늘의 새와 가축과 온 땅과 땅에 기는 모든 것을 다스리게 하자 하시고 27 하나님이 자기 형상 곧 하나님의 형상대로 사람을 창조하시되 남자와 여자를 창조하시고

말씀 3 고린도전서 3:16-17

16 너희가 하나님의 성전인 것과 하나님의 성령이 너희 안에 거하시는 것을 알지 못하느뇨 17 누구든지 하나님의 성전을 더럽히면 하나님이 그 사람을 멸하시리라 하나님의 성전은 거룩하니 너희도 그러하니라

● 말씀나누기

>> 선택한 본문 말씀의 질문에 대하여 나누어 보세요.

Q&A

1. 하나님의 형상으로 우리를 만들었다와 살인하지 말라는 어떤 연관이 있을까요?

2. 우리 자신이 하나님의 성전이라 합니다. 당신을 해치거나 모욕하는 것이 하나님의 성전을 더럽힌다고 하는데 어떻게 느껴지십니까?

3. 우리가 사람의 생명을 소중히 여기지 못하는 이유가 무엇입니까?

4. 나의 삶속에서 사람이나 동물 등 생명을 경시하는 말과 행동, 마음은 무엇이 있습니까?

살인하지 말라는 크게 보면 남에게 고통을 주지 말라는 뜻입니다. 남에게 피해를 입히는 것을 가슴 아파 할 때 우리는 인간이 됩니다. 동물은 다른 동물의 고통을 느끼지 못합니다. 그래서 죽이는 일을 서슴없이 하게 됩니다. 인간은 동물보다 더 나은 존재라는 것은 타인의 아픔에 공감할 수 있기 때문입니다. 요즘은 동물을 학대하는 일도 하지 못하게 합니다. 동물도 고통을 느끼기 때문입니다. 인간이 사람뿐 아니라 동물을 사랑하는 마음도 하나님이 허락하시고 명령하신 일입니다. 인간을 사랑하는 사람은 인간의 아픔에 고통을 느끼는 사람입니다. 주님이 우리의 고통을 아시고 십자가에 달리신 것처럼 말입니다.

나눔

07. 제7계명

마음나누기

---

1 최근 사랑에 관한 영화나 드라마를 본 것을 말해보세요.

2 영화나 드라마에서 스킨십의 장면이 나올 때 거북하거나 외면하고 싶을 때가 언제였나요?

3 당신이 사귀는 사람과 주인공이 되어 스킨십의 장면을 찍는다면 어떻게 찍고 싶습니까?

4 당신은 사랑과 성에 대해 개방적입니까? 보수적입니까?

● 말씀 읽고 선택하기

>> 성경말씀을 읽고 마음에 와 닿는 단어를 선택한 후, 그 이유를 나누어 보세요.

말씀 1 출애굽기 20:14

4 간음하지 말라

말씀 2 마태복음 5:27-28

27 또 간음하지 말라 하였다는 것을 너희가 들었으나 28 나는 너희에게 이르노니 음욕을 품고
여자를 보는 자마다 마음에 간음하였느니라

말씀 3 요한복음 8:3-11

3 서기관들과 바리새인들이 음행중에 잡힌 여자를 끌고 와서 가운데 세우고 4 예수께 말하되
선생이여 이 여자가 간음하다가 현장에서 잡혔나이다 5 모세는 율법에 이러한 여자를 돌로 치
라 명하였거니와 선생은 어떻게 말하겠나이까 6 그들이 이렇게 말함은 고발할 조건을 얻고자
하여 예수를 시험함이러라 예수께서 몸을 굽히사 손가락으로 땅에 쓰시니 7 그들이 묻기를 마
지 아니하는지라 이에 일어나 이르시되 너희 중에 죄 없는 자가 먼저 돌로 치라 하시고 8 다시
몸을 굽혀 손가락으로 땅에 쓰시니 9 그들이 이 말씀을 듣고 양심에 가책을 느껴 어른으로 시
작하여 젊은이까지 하나씩 하나씩 나가고 오직 예수와 그 가운데 섰는 여자만 남았더라 10 예
수께서 일어나사 여자 외에 아무도 없는 것을 보시고 이르시되 여자여 너를 고발하던 그들이
어디 있느냐 너를 정죄한 자가 없느냐 11 대답하되 주여 없나이다 예수께서 이르시되 나도 너
를 정죄하지 아니하노니 가서 다시는 죄를 범하지 말라 하시니라

● 말씀나누기

>> 선택한 본문 말씀의 질문에 대하여 나누어 보세요.

Q&A

1. 당신은 간음이 어떤 것이라고 생각합니까?

2. 사람들은 왜 간음을 한다고 생각합니까?

3. "네 이웃을 네 자신과 같이 사랑하라"와 "간음하지 말라"는 말씀은 어떤 관계가 있는가?

4. 간음하다 잡혀온 여인을 향해 예수님은 "가서 다시는 죄를 범하지 말라"고 하셨다. 이 말씀이 당신에게 어떻게 들리나요? 이 말씀을 누구에게 전해주고 싶습니까?

간음은 성적인 것을 말합니다. 성적인 것은 아주 쉽게 우리에게 다가옵니다. 그러나 성을 함부로 대할 때 우리의 질서는 허물어지고 맙니다. 부부와 연인 등 성에 대한 질서가 바로 설 때 건강한 가정이 시작됩니다. 성에 대한 도덕과 질서가 바로 서지 않으면 약육강식이 되어버립니다. 인간이 아니라 힘 있는 사람이 약자를 침범하는 사회가 되어 버립니다. 전쟁이 일어나거나 내전으로 힘들어 하는 곳은 항상 성을 통해 사람을 괴롭히는 모습을 보게 됩니다. 야만인이나 폭력적인 모습이 성을 통해 드러납니다. 그래서 주님은 명령합니다. 간음하지 말라는 우리가 하나님의 질서를 지키라는 명령입니다.

나눔

08. 제8계명

마음나누기

_____

1. 어린 시절 돈이나 학용품등을 훔쳐본 경험이 있습니까?

2. 그 당시의 상황을 말해 보세요.

3. 당신은 다른 사람이 가지고 있는 물건이나 재능 가운데 갖고 싶은 것이 무엇인지 말해보세요.

4. 그 물건이나 재능을 갖기 위해서 훔칠 수 있다면 어떻게 하시겠습니까?

● 말씀 읽고 선택하기

>> 성경말씀을 읽고 마음에 와 닿는 단어를 선택한 후, 그 이유를 나누어 보세요.

말씀 1 출애굽기 20:15

15 도둑질하지 말라

말씀 2 신명기 15:7-8, 11

7 네 하나님 여호와께서 네게 주신 땅 어느 성읍에서든지 가난한 형제가 너와 함께 거하거든 그 가난한 형제에게 네 마음을 강퍅히 하지 말며 네 손을 움켜쥐지 말고 8 반드시 네 손을 그에게 펴서 그에게 필요한 대로 쓸 것을 넉넉히 꾸어주라

11 땅에는 언제든지 가난한 자가 그치지 아니하겠으므로 내가 네게 명하여 이르노니 너는 반드시 네 경내 네 형제의 곤란한 자와 궁핍한 자에게 네 손을 펼찌니라"

말씀 3 시편 24:1

1 땅과 거기 충만한 것과 세계와 그 중에 거하는 자가 다 여호와의 것이로다

● 말씀나누기

>> 선택한 본문 말씀의 질문에 대하여 나누어 보세요.

Q&A

1. 하나님은 왜 도둑질하지 말라고 하셨을까요?

2. 그럼에도 불구하고 사람들은 왜 도둑질하고 훔치려고 하나요?

3. 시24:1의 말씀과 같이 청지기정신으로 사는 것과 개인의 재물을 소유하는 것은 어떤 관계가 있다고 생각합니까?

4. 당신 혹은 주변에서 잃어버린 일들을 가지고 3장면을 만들어보세요.

● 메시지

Message

남의 것을 뺏거나 훔치는 일은 어떻게 일어날까요? 먼저는 내가 없는 것을 상대가 가지고 있기 때문입니다. 다른 하나는 내가 없기 때문에 굶을 것 같고 죽을 것 같기 때문입니다. 둘 다 내가 중심이 되는 사고입니다. 자기중심적 사고가 남의 것을 훔치게 만들고 빼앗게 됩니다. 그런 마음을 가지게 되면 공동체는 어떻게 될까요? 질서가 무너지고 서로 뺏고 빼앗는 지옥과 같은 광경이 벌어지게 됩니다. 미국 LA폭동 때 한국 상점을 부수고 가지고 싶은 것을 가지고 나오는 폭도들을 볼 때 무슨 생각을 하게 됩니까? 질서가 없으면 짐승과 같은 사회가 될 수 있다는 점을 보여주고 있습니다. 하나님께서 남의 것을 훔치지 말라고 하신 이유는 인간이 함께 살아갈 수 있는 기본질서이기 때문입니다. 내 마음이 남의 것을 탐하는 것으로 가기보다는 하나님께로 가는 신앙생활을 해야 하는 이유입니다.

나눔

09. 제9계명

마음나누기

---

1 영화나 언론에서 보았던 거짓말은 어떤 것이 있었습니까?

2 나는 언제 거짓말을 했는지 말해 보세요.

3 나는 다른 사람에게 보이고 싶지 않은 모습이 무엇입니까?

4 그것을 보이지 않기 위해 노력하는 모습은 무엇입니까?

● 말씀 읽고 선택하기

>> 성경말씀을 읽고 마음에 와 닿는 단어를 선택한 후, 그 이유를 나누어 보세요.

말씀 1   출애굽기 20:16

16 네 이웃에 대하여 거짓 증거하지 말라"

말씀 2   출애굽기 23:1-5

1 너는 거짓된 풍설을 퍼뜨리지 말며 악인과 연합하여 위증하는 증인이 되지 말며 2 다수를 따라 악을 행하지 말며 송사에 다수를 따라 부당한 증언을 하지 말며 3 가난한 자의 송사라고 해서 편벽되이 두둔하지 말지니라 4 네가 만일 네 원수의 길 잃은 소나 나귀를 보거든 반드시 그 사람에게로 돌릴지며 5 네가 만일 너를 미워하는 자의 나귀가 짐을 싣고 엎드러짐을 보거든 그 것을 버려두지 말고 그것을 도와 그 짐을 부릴지니라

말씀 3   신명기 19:16-21

"16 만일 위증하는 자가 있어 어떤 사람이 악을 행하였다고 말하면 17 그 논쟁하는 쌍방이 같이 하나님 앞에 나아가 그 당시의 제사장과 재판장 앞에 설 것이요 18 재판장은 자세히 조사하여 그 증인이 거짓 증거하여 그 형제를 거짓으로 모함한 것이 판명되면 19 그가 그의 형제에게 행하려고 꾀한 그대로 그에게 행하여 너희 중에서 악을 제하라 20 그리하면 그 남은 자들이 듣고 두려워하여 다시는 그런 악을 너희 중에서 행하지 아니하리라 21 네 눈이 긍휼히 여기지 말라 생명에는 생명으로, 눈에는 눈으로, 이에는 이로, 손에는 손으로, 발에는 발로이니라"

● 말씀나누기

>> 선택한 본문 말씀의 질문에 대하여 나누어 보세요.

Q&A

1. 신명기 19장 16절에서 위증하는 사람는 어떤 마음으로 그렇게 했다고 생각합니까?

2. 신명기 19장 21절의 말씀을 들어 본 경험이 있나요? 이 말은 사람들이 언제 많이 할까요?

3. 출애굽기23장 4-5절과 같이 나에게 해를 끼친 사람이 어려움에 처할 때 그에게 이웃으로서의 도리를 저버리지 않는다는 것은 무엇을 말합니까?

4. 거짓 증언이 사회에 미치는 영향은 무엇일까요?

● 메시지

Message

거짓말은 영화나 일상 중에도 가장 큰 인간의 습성으로 그려지고 있습니다. 어쩌면 인간이기에 거짓말을 하는 것일 수 있습니다. 그러나 그 거짓말이 거짓말을 낳게 되며 결국은 자신과 공동체를 파괴하는 것을 알기에 하나님은 분명하게 거짓증거를 하지 말라고 명하십니다. 거짓말은 자신을 위한 거짓말이 있습니다. 나의 실수나 범죄를 아닌 것처럼 말합니다. 자신을 좋게 보이기 위함입니다. 또 하나는 남을 비방하면서 하는 거짓말입니다. 남을 깍아 내리거나 하지 않은 일을 거짓말로 말하는 것입니다. 그로 인해 내가 이득을 취하고 기분이 좋아지는 경험을 하게 만드는 힘이 있습니다. 그래서 거짓증거는 타인을 파멸로 이르게 만듭니다. 결국 공동체의 신뢰가 무너지게 됩니다. 한사람의 거짓증거는 타인을 멸망시키고 공동체를 파괴하기 때문에 하나님은 분명히 하지 말라고 명령하십니다. 우리 모두 그 명령의 중차대함을 새기는 시간이 되기를 바랍니다.

나눔

10. 제10계명

마음나누기

---

1 당신의 주변에서 억울하다고 느끼는 사람은 누구입니까?

2 그 사람은 누구 때문에, 무엇 때문에 억울하게 되었을까요?

3 당신의 어떤 점이 다른 사람에게 피해를 줄 수 있다고 생각하십니까?

4 다른 사람이 소유한 것을 가지고 싶을 때 당신의 마음의 상태는
어떠했나요?

● 말씀 읽고 선택하기

>> 성경말씀을 읽고 마음에 와 닿는 단어를 선택한 후, 그 이유를 나누어 보세요.

말씀 1   출애굽기 20:17

17 네 이웃의 집을 탐내지 말라 네 이웃의 아내나 그의 남종이나 그의 여종이나 그의 소나 그의 나귀나 무릇 네 이웃의 소유를 탐내지 말라

말씀 2   신명기 5:21

21 네 이웃의 아내를 탐내지 말지니라 네 이웃의 집이나 그의 밭이나 그의 남종이나 그의 여종이나 그의 소나 그의 나귀나 네 이웃의 모든 소유를 탐내지 말지니라

● 말씀나누기

>> 선택한 본문 말씀의 질문에 대하여 나누어 보세요.

Q&A

1. 성경이야기 가운데 욕심에 관한 이야기에 대하여 아는 것을 말해보세요.
   또는 당신이 보았거나 경험한 욕심(탐심)의 이야기를 말해보세요.

2. 이 욕심(탐심)에 대한 성경의 가르침이 없다면 세상은 어떻게 변하게 될까요?

3. 욕심으로 다른 사람의 것을 가지고 싶어질 때 당신은 그 충동을 어떻게 다스립니까?

4. 지금 당신에게 감사와 만족이 없고 부족하다고 생각되어 갖고 싶은 열망이 생기는
   것은 무엇입니까?

인간도 동물과 마찬가지로 욕심과 탐욕이 있습니다. 동물은 배가 고프면 약한 동물을 잡아먹습니다. 약한 동물이 가지고 있는 것을 가지기 위해 전력질주 합니다. 무자비하게 뺏습니다. 그런 속성이 인간에게도 있습니다. 이 속성을 알기에 하나님은 탐욕을 금하라고 하십니다. 이 속성을 다스릴 때 동물과 다른 인간의 모습을 가질 수 있다고 말합니다. 그러나 욕심을 참지 못하고 남의 것을 빼앗고 부수고 취하기 위한 역사가 있습니다. 폭력과 약탈, 전쟁과 살육의 역사는 인간의 탐심의 모습입니다. 우리가 하나님의 가르침을 마음에 새길 때 인간이 됩니다. 예수 그리스도의 삶을 본 받을 때 성스러운 삶을 살 수 있습니다. 우리는 부족하지만 가르침을 따르기 위해 기도할 때 주님은 능히 이길 힘을 주십니다.

11. 계명의 완성

마음나누기

---

1 사람들은 살면서 어떤 결정을 내리고 살고 있을 것 같습니까?

2 당신은 최근 어떤 결정을 내려 보셨습니까?

3 사람들이 결정을 내릴 때 도움 받는 곳이 무엇입니까?

또는 도움을 받는 사람은 누구 입니까?

4 당신은 살면서 선택과 결정을 할 때 도움을 받지 못하여 괴로웠던 적은

언제이며 무엇 때문이었습니까?

● 말씀 읽고 선택하기

>> 성경말씀을 읽고 마음에 와 닿는 단어를 선택한 후, 그 이유를 나누어 보세요.

말씀 1   마태복음 5:17-20

17 내가 율법이나 선지자를 폐하러 온 줄로 생각하지 말라 폐하러 온 것이 아니요 완전하게 하려 함이라 18 진실로 너희에게 이르노니 천지가 없어지기 전에는 율법의 일점일획도 결코 없어지지 아니하고 다 이루리라 19 그러므로 누구든지 이 계명 중의 지극히 작은 것 하나라도 버리고 또 그같이 사람을 가르치는 자는 천국에서 지극히 작다 일컬음을 받을 것이요 누구든지 이를 행하며 가르치는 자는 천국에서 크다 일컬음을 받으리라 20 내가 너희에게 이르노니 너희 의가 서기관과 바리새인보다 더 낫지 못하면 결코 천국에 들어가지 못하리라

● **말씀나누기**

>> 선택한 본문 말씀의 질문에 대하여 나누어 보세요.

Q&A

1. 17절 율법이나 선지자를 폐하러 온줄 생각지 말라고 말한 이유가 무엇이라고 생각하십니까?

2. 사랑만 강조하는 사람과 율법(규칙)만 강조하는 사람을 주변에서 찾아보세요.

3. 예수님은 율법을 없애려 한 것이 아니라 율법을 완성하려 하심이라 합니다. 율법만 주장하는 사람에게 부족한 것이 무엇입니까?

4. 우리가 살면서 사랑이 필요 할 때와 율법이 필요할 때를 설명해 보세요.

하나님이 우리에게 율법을 주신 이유는 우리가 잘 살기 위함입니다. 그러나 인간의 부족함으로 율법만 강조함으로 사람을 힘들게 만들게 하였습니다. 예수님은 이 땅에 오셔서 그 율법을 완성하시겠다고 하셨습니다. 다시 말해 율법을 강조하는 가운데 사랑이 빠지면 인간을 힘들고 고통스럽게 만드는 결과를 가져오기 때문입니다. 우리에게는 율법과 같이 도덕과 윤리가 필요합니다. 그러나 이 도덕과 윤리가 사람을 공격하기 위한 도구로서가 아닌 사랑의 실천을 위한 도구가 되어야 합니다. 자녀에게 사랑을 통해 율법을 가르쳐야 합니다. 사랑이 없는 율법은 마음의 상처를 입히게 됩니다. 예수님은 그 사랑의 완성 율법의 완성을 우리에게 보여 주셨습니다.

나눔

이미지성경공부 4

초판1쇄 발행 2022년 5월 31일

지 은 이   이영미, 이미숙, 우치언
펴 낸 이   이영미
펴 낸 곳   도서출판 액션메소드
디 자 인   신진이
일러스트   김상준
등록번호   제2019-000041호
주   소   서울시 서초구 바우뫼로 91, 3층 15-1호
전   화   070-4177-4567
S N S   http://fb.me/actionm0301
            blog.naver.com/actionm0301
이 메 일   actionm0301@naver.com
I S B N   979-11-965834-9-1